Petit cours de solfège pour adultes

♯ - 1 - ♭

Petit cours de solfège pour adultes

 # - 2 - b

Petit cours de solfège pour adultes

Petit Cours de Solfège

pour adultes

La Méthode Naturelle et Explicative

♯ - 3 - ♭

Petit cours de solfège pour adultes

♯ - 4 - ♭

Petit cours de solfège pour adultes

A tous les adultes

qui sauront bientôt lire...

... les livres de musique

Petit cours de solfège pour adultes

♯ - 6 - ♭

Prélude : Les partitions sont des livres presque comme les autres

L'autre soir, en rentrant chez moi par le train, je sortais de ma sacoche comme tout un chacun un livre que j'aimais pour passer le temps. Je choisis en guise de roman, le quatuor « La jeune fille et la mort » de Schubert. J'aurais aussi bien pu feuilleter les variations Goldberg, commandées par l'empereur Frédéric II de Prusse à Jean-Sébastien Bach, un soir d'insomnie et de caprice, ou bien une partition de Duke Ellington, un thème de Tom Jobim, ou encore un recueil de chansons françaises. Ma bibliothèque est vaste : chacun son tour. Je lis et relis mes passages préférés avec délectation. Par la fenêtre du train, le paysage défile, se juxtaposant sur ma romance. Autant dire que je ne vois pas le temps passer.

Non pas que j'ai besoin de réviser mes notes avant une éventuelle rencontre musicale, je ne vois pas comment car je ne joue d'aucun instrument à cordes. Non, juste pour passer le temps. Faire revenir à ma mémoire tel ou tel passage sentimental, ou au contraire provocateur. C'est d'ailleurs justement quelques pages plus loin, que je reconnais un petit passage, récemment emprunté par une publicité. Je ris. Il n'ont pas été cherché bien loin ! Mon voisin de banquette me regarde éberlué, de rire si bêtement à la vue d'un alignement de sigles ésotériques. En même temps, il y a souvent de quoi mourir de rire ! Comme cette publicité dont je ne citerai pas le nom qui présente un parfum aux connotations érotiques, et qu'on a accompagné musicalement d'une célèbre messe pour les morts ! Pauvre de nous, pauvre culture !

Mon voisin ne sait pas que ma partition est un livre comme les autres. Un roman avec des personnages et des rebondissements. Je pioche souvent dans une petite collection de partitions de poche que j'aime beaucoup. Il y a beaucoup de choix. Je vous précise tout de suite, je ne suis ni maître de conférences, ni chef d'orchestre, juste amateur, dilettante.

La musique se lit page après page, comme un roman. En plus de son alphabet, elle possède également sa grammaire et son orthographe. Sa ponctuation, son ton de voix. Heureusement, nous ne faisons pas encore de musique en style sms, quoique..., ou volontairement. Pour de rire. En somme, on y trouve tout ce qui fait la richesse et la finesse de sa langue... A un détail près, c'est que cette langue est internationale, du moins concernant les musiques des cultures occidentales.

Vous me direz : les notes se chantent. Tout comme les mots se parlent, c'est vrai. Cependant on peut toujours faire chanter ou parler les personnages dans notre tête, et pourtant les entendre comme si ils étaient tout près de nous.

Encore faut-il avoir appris à lire. C'est un grand tort de notre école française d'avoir rayé des cours de musique à l'école, le « solfège ». Nous n'apprenons plus à lire la musique. Nous nous sommes mis en tête que le solfège ne servait qu'à déchiffrer pour les élèves des conservatoires. Que nenni ! Il y a chez mon disquaire des recueils de chansons de David Bowie, Bob Marley, Barbara Streisand, et même la totale d'Amélie Poulain et des Choristes, pour ceux qui ont pleuré devant les écrans ! Mais il n'y a curieusement souvent que les paroles. Alors, nous reconnaissons les chansons que nous avons apprises par cœur, et adieu les autres que nous pourrions découvrir !

Cette humble méthode de lecture vous est destinée, musiciens amateurs et auditeurs de tous horizons. Elle ambitionne de vous montrer qu'il n'est pas si difficile d'apprendre à lire la musique. Il s'agit, précisons-le, d'un alphabet de 7 notes, au lieu de 26 lettres. Pourquoi « naturelle » ? Parce que nous allons reprendre depuis le début, avec nos chansons enfantines ou populaires, comme si nous renaissions musicien une seconde fois[1]. Comme une célèbre méthode de langue qui a perduré pendant plusieurs générations, je vous propose de ne pas aller trop vite, et de bien comprendre par où nous passons. Un chapitre à la fois. Pourquoi pas, un chapitre par jour. Pendant le trajet du matin, pendant la sieste du bambin, avant d'aller dormir. Chaque jour, une nouvelle chanson à apprendre, sur le chemin des grandes œuvres, et aussi des plus petites.

En somme, juste une page à tourner pour se lancer...

---

1 *Voir mon précédent livre « La musique et le développement de l'enfant, retour aux essentiels »*

Petit cours de solfège pour adultes

TABLE DES MATIÈRES

Prélude, Les partitions sont des livres presque comme les autres..7

LIVRE 1..13

   Les noms des notes...15
   La clef de sol et la clef de fa..............................21
   Les notes se chantent, votre 1ère lecture............30
   Les noires et les autres rythmes, vos 2ème et 3ème lectures...41
   Les temps et la levée...52
   Les rythmes ternaires et la sicilienne................63
   Première lecture mystère..................................71
   Deuxième lecture mystère................................74

LIVRE 2..79

   Les accords...81
   Les phrases et ponctuation...............................91
   Les grilles d'accords et les tablatures..............101
   La gamme et les transpositions......................112
   1ère lecture avec accompagnement................120
   2ème lecture en changeant de tonalité...........122

Ecriture avec accompagnement........................124
4ème lecture en transpositions.........................126
Les arpèges..131
5ème lecture sans parole..................................137
6ème lecture sans parole..................................141

Remerciements...147

Petit cours de solfège pour adultes

LIVRE 1

POUR LIRE VOS PREMIÈRES PARTITIONS

♯ - 13 - ♭

Petit cours de solfège pour adultes

♯ - 14 - ♭

LES NOMS DES NOTES

Chaque note sur l'échelle des sons correspond à une fréquence sonore. Cette onde propagée dans l'air qui parvient à nos tympans, ressemble à s'y méprendre à une onde à la surface de l'eau.

Dans notre musique occidentale, nous construisons nos airs sur un ensemble de 7 notes. On les nomme le plus bêtement du monde et depuis les débuts de la musique grégorienne, avec les 7 premières lettres de l'alphabet : A, B, C, D, E, F, G. Elles constituent une gamme, du grave vers l'aigu. Après G, nous recommençons une nouvelle gamme plus aigüe, que nous nommons à nouveau à partir de A.

A, B, C, D, E, F, G, A, B, C, D, E, F, G, A, ...etc ... etc

En général, nous nous accordons à dire que la note A est une note de référence, qui, par exemple, permet aux musiciens d'un groupe ou d'un orchestre de s'accorder ensemble. C'est aussi la note A que l'on entend à la vibration d'un diapason. Elle correspond à la fréquence de 440 Hz. C'est le « la » de ma clarinette[2]. A partir de cette note, nous déduisons les 6 autres.

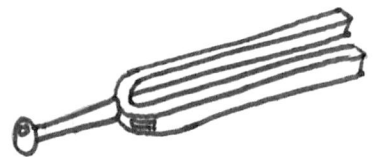

Un diapason résonne sur le bois et fait entendre une fréquence de 440Hz, la note A

Au XIème siècle, les moines gregoriens priant longuement en chantant, trouvèrent qu'il était difficile pour leurs élèves d'égrener les lettres de l'alphabet en chantant. Ils proposèrent de nommer les notes, non par des lettres mais par des syllabes. Et à toutes fins pédagogiques, alliant l'utile à l'agréable, ils choisirent la première syllabe de chaque vers d'un poème religieux en latin.

---

2 *Chansons populaire enfantine « J'ai perdu le la de ma clarinette »*

Petit cours de solfège pour adultes

Ut queant laxis
resonare fibris,
Mira gestorum
famuli tuorum,
Solve polluti
labii reatum,
Sancte **I**ohannes.

Petit cours de solfège pour adultes

Petit cours de solfège pour adultes

Ainsi la note C s'appelera Ut, D s'appelera Ré, et ainsi de suite. Cela permettra, à tous les enfants des générations suivantes, de solfier leur notes en chantant plus facilement, en choeur comme des petits soldats. Il est à noté que cela se produit en France, en Espagne, et dans certains autres pays latins et catholiques. Mais encore aujourd'hui, les anglais, allemands, américains, ne solfient pas avec les syllabes et continuent à lire avec les lettres en sifflotant les airs quand il y a besoin de les partager avec d'autres.

Bon, « Ut » n'est toujours pas terrible pour solfier. Avec le temps on l'a remplacé par Do, comme « Domine », c'est plus facile. Notez que nous prenons l'habitude de commencer par Do (C) et non plus La (A).

Nous voici maintenant avec notre gamme de 7 notes

Do, Ré, Mi, Fa, Sol, La, Si, (Do, Ré, etc...)

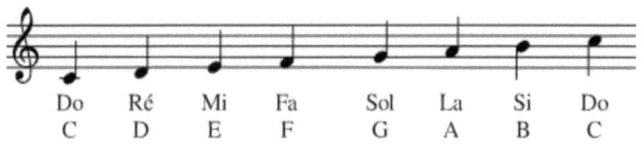

Il va sans dire que, ces notes étant attachées à notre culture occidentale, il existe d'autres systèmes de notes dans les autres cultures, qui ont leur charme propre, et à propos desquels je ne pourrai rien vous apprendre ici. Par exemple, les musiques asiatiques, les musiques anciennes, les musiques africaines, les musiques expérimentales...

Petit cours de solfège pour adultes

LA CLEF DE SOL ET LA CLEF DE FA

Lorsque les moines grégoriens ont éprouvé le besoin d'écrire leurs premiers airs sur un bout de parchemin, ils écrivaient les notes de leurs plus belles plumes. Pour faire comprendre que la note suivante devait être plus aigüe ou plus grave, ils dessinaient au dessus des paroles, des signes un peu plus haut ou un peu plus bas selon qu'il fallait descendre ou monter la voix pour chanter. Cela donnait quelque chose de plutôt imprécis pour le quidam, dans le style :

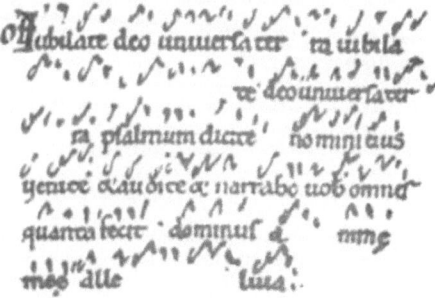

Avouez qu'aujourd'hui nous n'avons rien de particulièrement plus précis dans la plupart de nos recueils de chansons des Beatles.

Ils résolurent donc de tracer une ligne comme référence. Par exemple la ligne ci-dessous représente la hauteur de la note G (sol), on peut y voir quand la mélodie se trouve au dessus ou en dessous de G.

Remarquez qu'une seule ligne de référence n'est pas non plus très explicite. Peu à peu on en vient à rajouter des lignes, jusqu'à 5 lignes précisément. On y place ainsi toutes les notes que nous pouvons utiliser comme repères. Cela permet de situer les notes de notre mélodie aussitôt du grave à l'aigu. Voyez qu'un beau « G » est écrit plein de déliés au début de la ligne. C'est ce beau « G » qui avec le temps deviendra notre « clef de sol » actuelle. Le sol se trouve sur la ligne sur laquelle commence le tracé de sa clé.

De même la lettre F donnera la clé de Fa. La note fa est inscrite sur la ligne entre les deux barres du « F ».

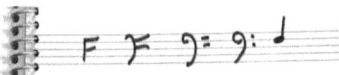

Et la lettre C donnera la clé d'Ut (do). La note do est inscrite sur la ligne qui passe au milieu de sa clé.

Par habitude, la clef de sol est la plus courante. Elle est utilisée pour les voix et les instruments aigus, et par extension à la majorité des notations musicales écrites sur un coin de table.

Voici en cadeau quelques notes si célèbres parmi lesquelles vous pourrez repérer quelques sol !

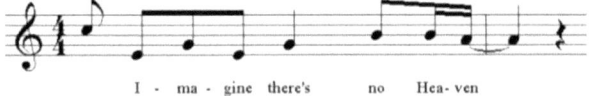

La clef de Fa est utilisée pour les voix et les instruments graves. La clef d'Ut est utilisée pour les instruments ni graves ni aigus, un peu entre les deux. Les clefs de Fa et d'Ut peuvent être situées sur des lignes différentes selon les besoins de chacun. On dit une clef de Fa 3ème ligne ou 4ème ligne, une clef d'Ut 1ère, 2nde, 3ème ou 4ème ligne...

Voyez ci-dessous la notation de la même note Do selon qu'on utilise une clé ou une autre[3] :

Ainsi une partition pour violon, ou flûte, ou clarinette, est écrite en clé de sol. Une partition pour contrebasse est écrite en clé de fa. Une partition pour violoncelle est écrite en clé de fa et parfois en clé d'ut 4ème ou 3ème lorsque les notes partent dans l'aigu. Le piano, lui, a besoin d'une clé de fa pour la main gauche et d'une clé de sol pour la main droite. Etc.. etc... L'orgue d'église a une tessiture si vaste qu'il peut utiliser les clés de fa, sol et ut selon que ses mélodies sont graves, medianes, ou aigües.

Pour notre part, nous utiliserons dans ce premier ouvrage uniquement la clef de sol.

---

3 *Dans l'ordre, la note Do écrite en clé de Fa 4ème, clé de Fa 3ème, clé d'Ut 4ème, clé d'Ut 3ème, clé d'Ut 2de, clé d'Ut 1ère, clé de Sol 2nde, clé de Sol 1ère.*

Petit cours de solfège pour adultes

Dans l'extrait suivant de la 6ème suite pour violoncelle de Jean-Sébastien Bach, on peut voir que le violoncelle joue d'abord dans le grave car les notes sont écrites en clé de fa. Ensuite au milieu de la deuxième ligne, il fait une incursion dans l'aigu, et pour plus de facilité à écrire, les notes sont écrites en clé d'Ut 3ème (clé d'Ut 3ème ligne), et enfin les notes redescendent et nous voilà à nouveau en clé de fa, dans le grave.

Petit cours de solfège pour adultes

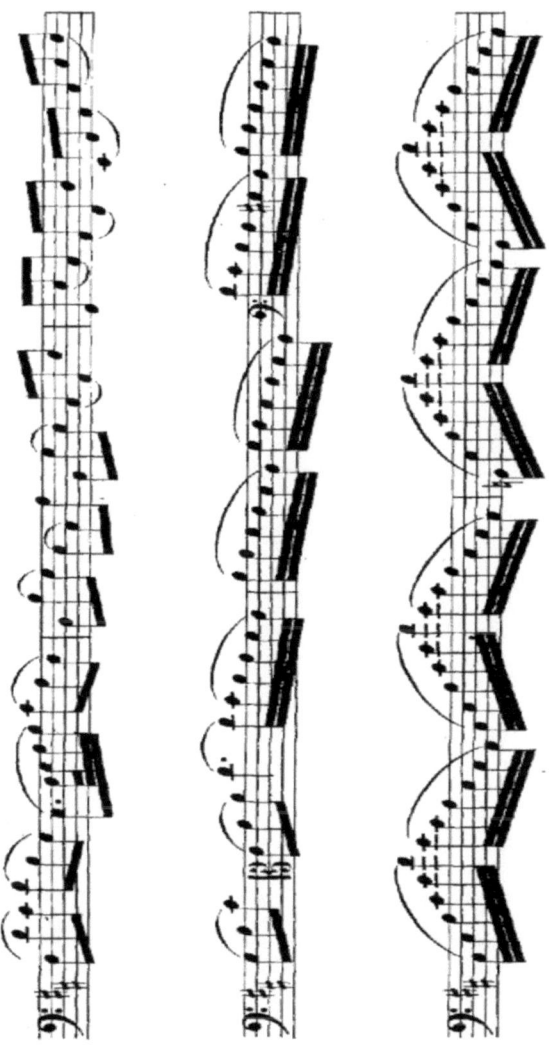

- 27 - b

Si nous n'avions pas changé de clé pour écrire les notes aigües, nous aurions dû rajouter des petits traits supplémentaires pour nous repérer dans les sons, ce qui aurait été encore plus compliqué à lire. Voyez ci-dessous le passage en clé d'Ut 3ème si nous avions dû le laisser en clé de Fa :

Petit cours de solfège pour adultes

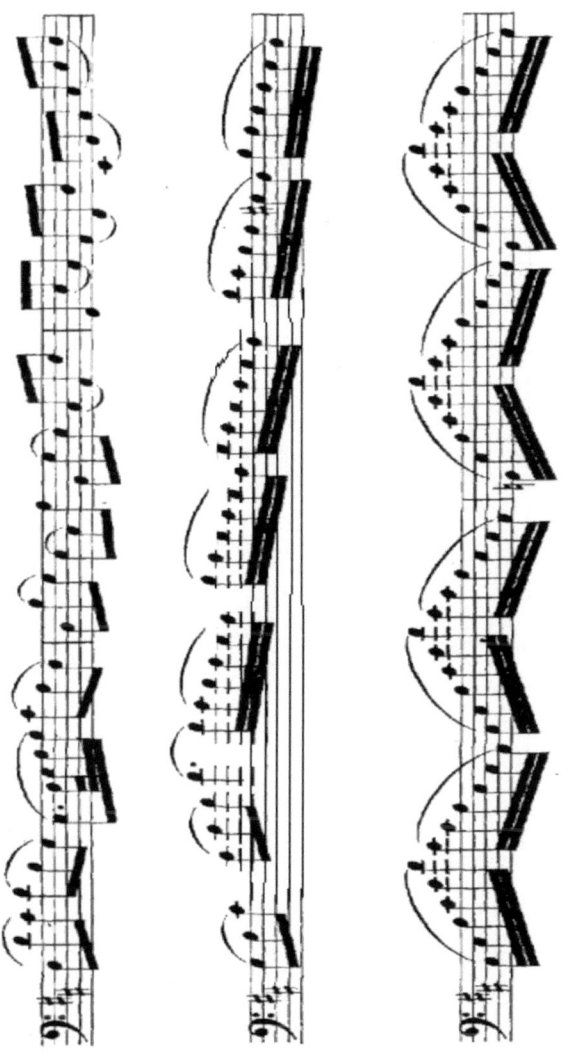

♯ - 29 - b

LES NOTES SE CHANTENT, VOTRE 1ÈRE LECTURE

Pour commencer votre 1ère lecture, voici une petite chanson enfantine, que vous connaissez tous et qui pourtant n'est pas du tout écrite pour les enfants. Je ne résiste pas au charme de vous dévoiler l'ensemble des couplets, la plupart des parents n'en connaissant en général que le premier. Ceci j'espère rehaussera dans votre estime les chansons populaires de notre pays.

Au clair de la lune,
Mon ami Pierrot,
Prête-moi ta plume
Pour écrire un mot.
Ma chandelle est morte,
Je n'ai plus de feu ;
Ouvre-moi ta porte,
Pour l'amour de Dieu.

Au clair de la lune,
Pierrot répondit :
« Je n'ai pas de plume,
Je suis dans mon lit.
Va chez la voisine,

Petit cours de solfège pour adultes

Je crois qu'elle y est,
Car dans sa cuisine
On bat le briquet. »

Au clair de la lune,
L'aimable Lubin
Frappe chez la brune,
Ell' répond soudain :
— Qui frapp' de la sorte ?
Il dit à son tour :
— Ouvrez votre porte
Pour le dieu d'amour !

Au clair de la lune,
On n'y voit qu'un peu.
On chercha la plume,
On chercha le feu.
En cherchant d'la sorte,
Je n'sais c'qu'on trouva ;
Mais je sais qu'la porte
Sur eux se ferma...

Le jeu ici est le suivant : Il s'agit de chanter cet air en pointant du doigt chaque note sur la partition ci-après au moment où vous la chantez, syllabe par syllabe, comme un petit enfant ânonnant son livre de lecture. Ne perdez pas de vue qu'il s'agit bien d'apprendre à lire !

Petit cours de solfège pour adultes

Au clair de la lune

La seconde fois, recommencez l'exercice en chantant tout ce qu'il vous plaira comme par exemple la deuxième ligne de paroles, à l'esthétique tout à fait contestable.

Petit cours de solfège pour adultes

Au clair de la lune

La troisième fois ne chantez que les noms des notes, écrites cette fois sur la troisième ligne de paroles, en prenant bien conscience de la hauteur de chacune d'entre elles au moment où vous les chantez.

Petit cours de solfège pour adultes

Au clair de la lune

La quatrième fois, chantez les noms des notes, sans regarder ce livre, par cœur jusqu'à demain matin. Je vous y donne rendez-vous pour écrire les notes vous-même sur la partition vierge ci-après. Copiez le modèle, et chantez pendant que vous les écrivez.

Vous avez peur de ne pas chanter chaque note à sa bonne fréquence ? Aucune espèce d'importance. Votre chant sonnera en phase avec vous-même et c'est pour l'instant ce qui compte.

Dessinez bien les notes telles que sur le modèle. Notez qu'il n'est pas très important de dessiner la queue des notes vers le haut ou vers le bas, c'est comme vous voudrez. Remarquez aussi qu'il y a des notes noires que l'on chante normalement, et des notes « vides » (ou blanches) sur lesquelles on reste à chanter un temps plus long que les autres. Les barres de mesure (petits traits verticaux séparant les groupes de notes) sont des repères visuels.

Petit cours de solfège pour adultes

Au clair de la lune

Petit cours de solfège pour adultes

Illustration parue en 1866 dans les Chansons nationales et populaires de France de Théophile Marion Dumersan.

♯ - 40 - b

LES NOIRES ET LES AUTRES RYTHMES, VOS 2ÈME ET 3ÈME LECTURES

Comme vous l'avez certainement constaté en chantant votre première partition, il existe des notes sur lesquelles nous passons tranquillement, et d'autres sur lesquelles nous nous posons un peu plus longuement. J'ajouterai pour vous maintenant, celles où nous devons courir davantage. De la même manière que lorsque nous parlons, nos syllabes prennent des vitesses différentes.

Ainsi, si nous nous promenons par un bon matin ensoleillé, et que nous venons de croiser une connaissance sur le chemin, nous entamons la conversation. Certaines de nos syllabes sont parlées sur un rythme plus ou moins rapide. Il s'agit d'un grand-père un peu âgé. Articulez le plus correctement que vous pourrez pour vous faire comprendre. Et pour vous aidez, respectez la ponctuation.

Sur un :

- Bonjour, cher Albert, comment allez-vous ?

Nous appuierons les syllabes suivantes :

- Bon<u>jour</u>, cher Al<u>bert,</u> comment allez-<u>vous</u> ?

Si nous considérons que les syllabes ci-dessus appuyées sont parlées à la vitesse d'une note « noire » , nous pouvons considérer que les autres syllabes sont parlées sur un rythme plus rapide, à la vitesse d'une « croche » ♪ .

Ainsi on pourrait écrire le rythme de notre phrase parlée de la façon :

Et puis pour rassembler toutes ces croches baladeuses d'une façon plus esthétique, nous pouvons les accrocher ensemble de la façon suivante. En reliant deux croches (♪ ♪) nous pouvons écrire ♫

Petit cours de solfège pour adultes

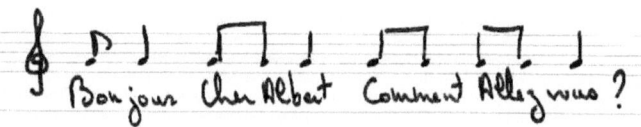

Vous pouvez voir sur la portée ci-dessus, que nous avons parlé d'une façon bien monotone, puisque nous avons tout débité sur la même fréquence : la note sol. C'est pourquoi je m'empresse de rajouter un peu de ton à ma phrase en variant les hauteurs de notes, et en ajoutant des traits de liaison au dessus :

Il est à noter que les croches vont deux fois plus vite que les noires. Voici donc pour les noires et les croches.

Mais il vous faut également repérer les notes « blanches » et les notes « rondes ».

Si mon ami me répond :

— Oooooh, couci couça !

La note « blanche » est deux fois plus longue qu'une noire.

Ou bien :

- Ouuuuuuuuuuuuuuuh ! J'ai fait la fête toute la soirée !

La note « ronde » est quatre fois plus longue qu'une noire. Cette approche sera considérée certes un peu approximative aux yeux des puristes, mais patience, le temps fera le reste.

Entre les deux possibilités, la blanche et la ronde, il

existe la « blanche pointée » qui est aussi longue que trois noires. Et de manière générale toute note suivie d'un point est rallongée de la moitié de sa valeur. Par exemple : une blanche pointée = une blanche + la moitié d'une autre blanche. Puisque la blanche est aussi longue de deux noires, cela revient à dire trois noires.

Si une « ronde » n'est pas suffisante pour exprimer la longueur du sifflement de notre interlocuteur, on peut encore attacher plusieurs notes entre elles de façon à cumuler les longueurs. L'exemple ci-dessous équivaut à sept noires :

ou bien celui-ci équivaut à onze noires :

Et voilà. Pour la musique c'est pareil. Lorsque nous chantons ou jouons d'un instrument, c'est tout comme si nous racontions quelque chose à notre public, nos auditeurs. Tout comme une phrase, avec ses temps plus ou moins longs, ses appuis, son intonation, les virgules, les points, les exclamations....

A l'inverse, si vous devez chanter de façon plus précipitée, vous avez la possibilité d'écrire des doubles croches, qui vont deux fois plus vite qu'une croche. Puis les triples croches, mais là nous dépassons les possibilités de notre voix.

A vous de lire, maintenant, en prenant bien conscience des longueurs des notes que vous chantez, ces deux extraits de célèbres chefs d'oeuvres. Ils sont remarquables, le premier pour ses rondes et ses blanches, le second pour ses magnifiques double-croches. Prenez le temps de les chanter, puis de les solfier pour continuer à mémoriser la position des notes. Ensuite vous pourrez les écrire à votre tour, pour entraîner votre main à écrire dans un futur proche vos airs préférés.

Petit cours de solfège pour adultes

La vie en rose - E. Piaf(refrain)

Quand　　　　　il　　　　me　prend　dans　　ses
do　　　　　　si　　　　la　　sol　　mi　　do
(blanchepointee)　(noire)

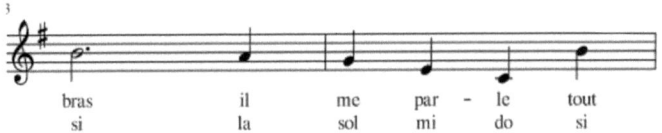

bras　　　　　il　　　　me　　par - le　　tout
si　　　　　　la　　　sol　　mi　　do　　si

bas　　　　　je　　　vois　la　　vie　　en
la　　　　　sol　　　mi　　si　　do　　si

ro　 -　 -　　　se
la　　　　　　sol
(ronde)　　　(ronde)

♯ - 47 - b

Petit cours de solfège pour adultes

La vie en rose - E. Piaf (refrain)

Petit cours de solfège pour adultes

Dans l'extrait suivant, que je vous propose pour découvrir les doubles-croches, vous pouvez remarquer ces étonnants « triolets de noires », ces trois noires reliées entre elles par un crochet horizontal indiquant un petit « 3 ». Il s'agit de trois noires chantées un petit plus rapidement que trois noires habituelles, de façon à ce que cumulées, leurs durées ne dépassent pas celle d'une blanche. Une blanche d'habitude équivaut à la durée de deux noires. A bien y réfléchir il n'y a pas d'autre façon d'indiquer cette exception. Vous remarquerez également une petite fantaisie : voyez sur certains « si » un petit bémol « b » qui précède la note. Cela signifie que le si doit être chanté légèrement plus bas que le si habituel. Ce que vous ferez sans vous en rendre compte tant la chanson vous est connue.

Petit cours de solfège pour adultes

Une chanson douce(extrait)

Maurice Pon, Henri Salvador

Petit cours de solfège pour adultes

Une chanson douce(extrait)
Maurice Pon, Henri Salvador

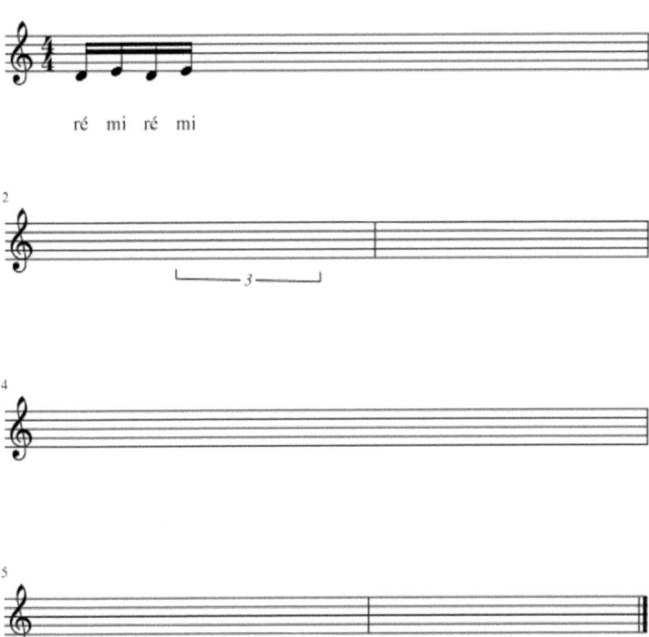

LES TEMPS ET LA LEVÉE

Nous voici arrivés à une notion essentielle de la musique. Ils vous faut maintenant distinguer les temps faibles et les temps forts, sans quoi aucun repère n'est possible dans ce flot de notes que nous entendons, par exemple, lors d'un concert. Imaginez que vous approchez d'une salle de concert de rock en effervescence. Nous nous approchons de l'entrée, le sol résonne d'une vibration profonde à coups réguliers. Dans le rock, il y a beaucoup de temps forts ! Le temps fort est le repère rythmique régulier d'une musique, qui permet de se rendre de compte de la vitesse du morceau, de sa régularité. Pour se démarquer il est souvent bien appuyé. Pour les danseurs, il annonce généralement le premier d'une série de pas. Par contraste, les autres temps sont des temps faibles, lesquels bien sûr ont leurs charmes propres.

Il existe un autre repère pour se retrouver dans un flot de notes, mais uniquement visuel cette fois-ci, à la lecture, ce sont les barres de mesure. Les barres de mesure sont ces petits traits verticaux qui s'intercalent régulièrement entre les notes et qui permettent de se retrouver en lisant la partition. Un peu comme pour nous éviter de suivre avec le doigt. Pendant les répétitions, on peut également s'en servir en lançant : « on reprend tous à la mesure 53 ! ». Comme les mesures sont numérotées, il est plus facile de trouver la mesure 53 plutôt que d'expliquer sur quel do on veut relancer tout le monde. Mais ces barres de mesure ne sont pas décelables à l'oreille.

Le 1er temps que l'on trouve après une barre de mesure, est inéluctablement appelé le « 1er temps ». Bien sûr, c'est un temps fort, le plus nécessaire de tous.

Dans la chanson suivante, les notes sont séparées par des barres de mesure toutes les quatre noires. On appelle ces mesures, des mesures à 4 temps, ce qui explique la présence du 4 en début de ligne. Les mesures à 4 temps sont souvent utilisées dans des musiques de structure assez carrée, qui respirent en général le dynamisme et la gaité. Les 1er temps de chaque mesure sont des temps forts, et en cette occasion, ils sont appuyées en chantant comme il se doit.

Petit cours de solfège pour adultes

Yellow Submarine (extrait)
Paul McCartney

Petit cours de solfège pour adultes

Yellow Submarine (extrait)
Paul McCartney

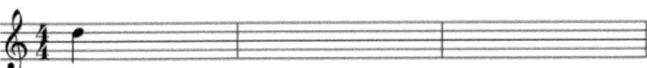

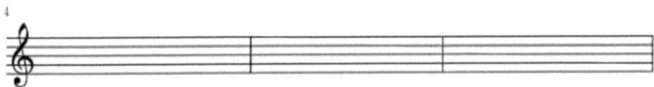

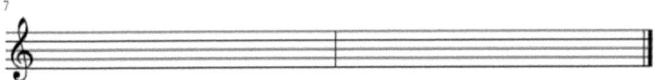

Dans le morceau suivant, les notes sont cette fois séparées par des barres de mesure toutes les trois noires. On y trouve dans chaque mesure, le 1er temps qui est un temps fort, et les deux temps suivants qui sont des temps faibles. Une mesure à 3 temps est donc un rythme impair, qui se tient un peu en équilibre. C'est le temps de la valse, la valse à trois temps bien sûr. Il y a bien d'autres valses à 5, 7 ou 8 temps qui ont beaucoup de charme, malheureusement un peu oubliées aujourd'hui.

Voici donc une valse à trois temps. En chantant, pensez à bien faire ressortir, voir outrageusement, les notes des 1ers temps au début de chaque mesure.

Dans le morceau suivant, vous remarquerez à nouveau une petite fantaisie : voyez sur la deuxième ligne une petit dièse « ♯ » qui précède la note sol. Cela signifie que le sol doit être chanté légèrement plus haut que le sol habituel. Sans y réfléchir particulièrement, c'est ce que vous ferez sans même vous en rendre compte, car dans ce morceau le sol ♯ est une note constituante de la grammaire musicale que nous verrons plus loin. Cette note fait office ici grammaticalement de « note sensible ». Pensez un peu à elle en chantant l'air, cela le rendra plus attachant.

Petit cours de solfège pour adultes

Sous le ciel de Paris (extrait)
Jean Dréjac, Hubert Giraud

Sous le ciel de Pa - ris s'en-vole un - e chan - son hum
mi la si   do ré mi ré do si la sol fa mi

hum   Elle est née d'au - jour - d'hui dans le
ré   mi sol la   si   do   ré   fa mi

coeur d'un gar - çon
ré   do   si   la

Petit cours de solfège pour adultes

Sous le ciel de Paris(extrait)

Jean Dréjac, Hubert Giraud

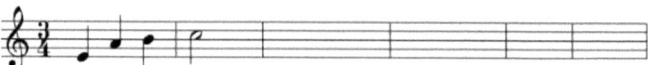

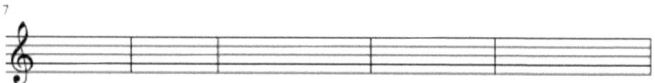

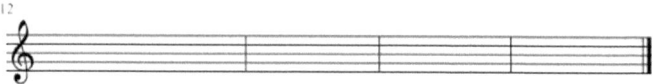

Aussi étonnant que cela puisse paraître, une musique ne commence pas forcément sur un 1er temps qui est un temps fort. Cela lui donnerait dans certains cas un peu de brutalité non voulue. Commencer un chant sur un temps fort, c'est attaquer de front. Pourquoi ne pas jouer un peu les prétendants ? Pour cela on peut utiliser une levée. C'est à dire quelques notes avant d'attaquer, histoire de prévenir de notre arrivée.

Petit cours de solfège pour adultes

J'ai deux amours (extrait)
Joséphine Baker, Vincent Scotto

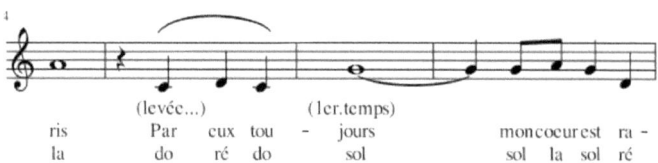

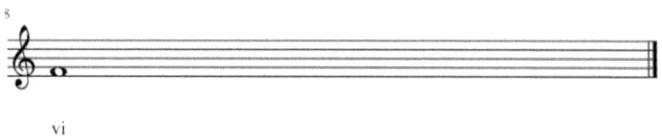

Petit cours de solfège pour adultes

J'ai deux amours (extrait)

Joséphine Baker, Vincent Scotto

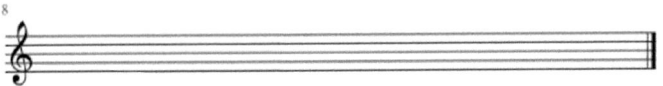

Petit cours de solfège pour adultes

♯ - 62 - ♭

LES RYTHMES TERNAIRES ET LA SICILIENNE

La sicilienne est une danse populaire originaire de Sicile. Son rythme est particulier, très typique et facilement reconnaissable. Il s'agit d'un rythme à 6/8, il faut comprendre par là qu'une mesure comprend six croches divisées en deux groupes de trois croches. La mesure comprend donc le 1er temps qui est un temps fort et qui comprend trois croches, et un 2ème temps qui est un temps faible et qui comprend encore trois croches. Le rendu est une mélodie très fluide et très dansante, particulière des siciliennes bien sûr, mais aussi des gigues irlandaises. Sa fluidité permet souvent une vitesse d'exécution très rapide et très entrainante.

1er   2nd

Ce qui fait la particularité de ce rythme est que chacun des temps est divisé par trois, au lieu de deux dans les morceaux que nous avons pu lire jusqu'à présent. Comme chaque temps est divisible par trois, nous appelons cela des rythmes ternaires, par opposition aux rythmes binaires. C'est un peu comme si nous jouions en triolets tout le temps.

Comme il s'agit d'un groupe de six croches, certains sont tentés de dire qu'il est plus facile de l'écrire à trois temps. Grossière erreur, car les temps forts et faibles en serait complètement décalés et donc la musique elle-même dénaturée. Au lieu d'une gigue, nous obtiendrions une valse par exemple.

Ou encore pire, même si les noires ci-dessous devaient être jouées très vite, elles feraient un effet vraiment lourd :

Ce sont des confusions que nous rencontrons malheureusement trop fréquemment dans de nombreuses partitions. Comme quoi l'écriture de la

Petit cours de solfège pour adultes

musique n'est pas qu'une histoire de mathématiques.

Voici une jolie gigue irlandaise toute faite de mesures à 6/8.

Cette gigue, aussi rapide soit-elle à jouer, propose cependant quelques instants de pose pour reprendre son souffle. On y voit pour cela de temps en temps, une noire, à la place de deux croches.

Voici maintenant une chanson populaire que vous connaissez bien et dans laquelle nous faisons une pause à chaque groupe de trois croches. Voyez un peu le nouvel effet que l'on obtient :

Nous allons maintenant tenter d'introduire un peu de swing dans notre musique à 6/8. Le swing, c'est intégrer un peu de liberté à l'intérieur d'un rythme qui paraît figé à l'écriture. Une technique de jeu très jazzy. Le jeu est de ne pas dénaturer l'ordonnance des temps forts et des temps faibles, mais de s'amuser avec les notes secondaires, celles qui ne sont pas rythmiquement significatives. On les joue un peu en avance ou un peu en retard, histoire de prendre un peu de liberté.

Par exemple sur un rythme binaire écrit de la façon suivante, le musicien de jazz interprètera certainement les notes intermédiaires parfois par avance, parfois en retard.

Swing sur une mesure binaire :

Partition :

Interprétation décalée à gauche :

Petit cours de solfège pour adultes

Interprétation décalée à droite :

C'est une des raisons pour laquelle je crois pouvoir affirmer qu'un musicien de jazz ne joue jamais ce qui est écrit... par philosophie ! Et c'est également pour cette raison que si vous cherchez des partitions de jazz à lire et qu'elles vous paraissent très chargées, c'est qu'elles tentent de figer cette liberté, ce qui est un contresens, et irréalisable de surcroit.

Tentons maintenant d'ajouter un peu de swing sur une mesure ternaire :

Mesure à 6/8 :

swing sur une mesure à 6/8 en décalant à droite :

Nous voici en présence de ce qu'on appelle en solfège un « rythme de sicilienne » par extension de la danse italienne du même nom. C'est un rythme très typique, dont je souhaite vous donner une idée en rappelant à votre mémoire cette chanson traditionnelle anglaise « Greensleeves » :

Si vous avez quelques difficultés à vous remémorer l'air de Greensleves, voici un célèbre chant de Noël également basé sur le rythme dit « de sicilienne » :

Il existe d'autres beaux rythmes ternaires. Par exemple, les rythmes à 9/8 et les rythmes à 12/8. Ils sont tout aussi fluides à l'oreille et à la danse, mais présentent davantage de rythmes sur des temps faibles, et sont donc plus doux.

Petit cours de solfège pour adultes

♯ - 70 - ♭

Petit cours de solfège pour adultes

PREMIÈRE LECTURE MYSTÈRE

Voici un petit air à déchiffrer que vous devriez bien connaître, déchiffrez-le en chantant bien sûr, et en vous aidant des notes que vous avez apprises à chanter en lisant les morceaux précédents. A vous !

Petit cours de solfège pour adultes

Lecture mystère : _____

la si do . . . . ré . . .

. . . . . . fa ré mi fa mi ré do si la

mi do si la . . . . mi ré mi la sol fa mi

ré si do ré do la . . . si . . la

Petit cours de solfège pour adultes

Première lecture mystère, page d'écriture

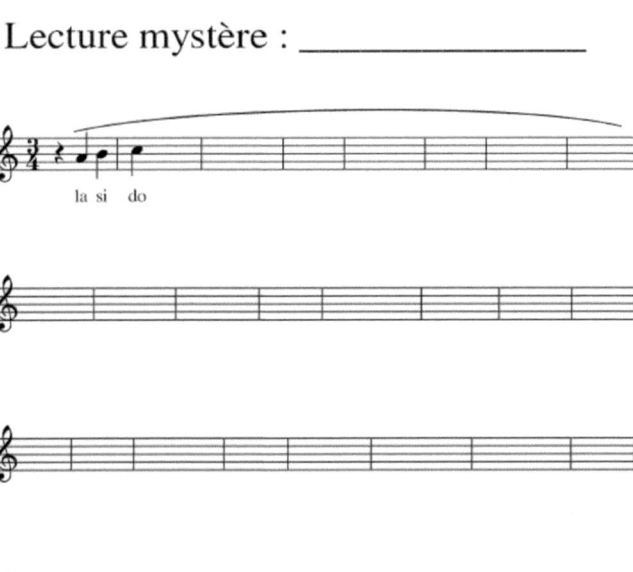

\#- 73 - b

Deuxième lecture mystère

Deuxième lecture mystère pour le plaisir de changer de style. Voici un thème des plus connus parmi les standards du jazz.

Petit cours de solfège pour adultes

Lecture mystère : _____
Standard de Jazz

Deuxième lecture mystère, page d'écriture

Petit cours de solfège pour adultes

♯ - 77 - ♭

Petit cours de solfège pour adultes

♯ - 78 - ♭

Petit cours de solfège pour adultes

LIVRE 2

POUR VOUS ACCOMPAGNER À L'INSTRUMENT

Petit cours de solfège pour adultes

♯ - 80 - ♭

LES ACCORDS

Nous voici à une étape clé de votre culture solfègique. Nous parlerons ici de polyphonie, de contrepoint, de basse mélodique, et d'accords. Vous verrez que ces quatre gros mots évoqués ci-dessus ne sont pas loin d'en faire qu'un : l'accompagnement.

A la suite du Moyen Age et du chant gregorien suivent les époques dites Renaissance, puis époque baroque. Durant l'époque de la Renaissance, le « plain chant », qui veut dire chant simple, des moines, évolue vers la polyphonie. Il est chanté à plusieurs voix. Puis il se voit agrémenter de mille décorations, qui font de la musique une petite perle complexe et précieuse, brillant de mille feux, la musique « baroque », bizarre, extravagante.

Il y a plusieurs manières de chanter à plusieurs voix. On peut chanter en canon, comme les chansons enfantines Frère Jacques, où La cloche du vieux manoir. On peut également choisir de chanter les mêmes paroles en même temps en prenant chacun une mélodie différente. Cet art de combiner les mélodies simultanées est la prouesse de la musique de la Renaissance, c'est l'art du contrepoint. Bien sûr, il faut s'assurer que la note qu'on choisit fera bel effet avec la note choisie par mon voisin. C'est ce que font les choeurs d'hommes corses, une main près de l'oreille pour mieux entendre les résonances et s'adapter à l'ensemble. Il y a de très nombreuses combinaisons de notes qui se chantent agréablement ensemble, Mozart disait, les notes qui s'aiment. Certaines combinaisons sont plus solides que d'autres qui nous laissent un peu sur notre faim, et dans ce cas en général les chanteurs s'empressent de nous rassurer en retombant sur des combinaisons plus stables. Avec le temps, ces combinaisons nous sont devenues familières, on les appelle les accords.

Pour illustrer l'art subtil du contrepoint (ou l'art de superposer des mélodies qui vont bien ensemble), voici un petit extrait de « Les cris de Paris » de Clément Janequin, à chanter pour quatre voix. Aujourd'hui encore nous sommes un peu perdus à l'écoute de ce morceau magique. Mais Ecouter, c'est comme Lire, ça s'apprend avec du temps et un peu d'entrainement. Tout du moins, vous pouvez y voir au premier coup d'oeil que chacun chante indépendamment sa partie, en tentant de rester en harmonie avec les autres.

Petit cours de solfège pour adultes

Chanson de la Renaissance de C. Janequin

Pour se rendre compte auditivement du passage de l'art du contrepoint à la polyphonie verticale, il faut avoir entendu de la période baroque, un choral de Bach. Dans cet extrait tiré de l'Oratorio de Noël de Bach, les mélodies jouées simultanément sont posées sur des notes si stables qu'on peut y rester à son aise tout le long d'une blanche ou d'une ronde. Les notes superposées ainsi résonnent ensemble assez longuement comme le feraient des accords.

Petit cours de solfège pour adultes

Choral de Bach

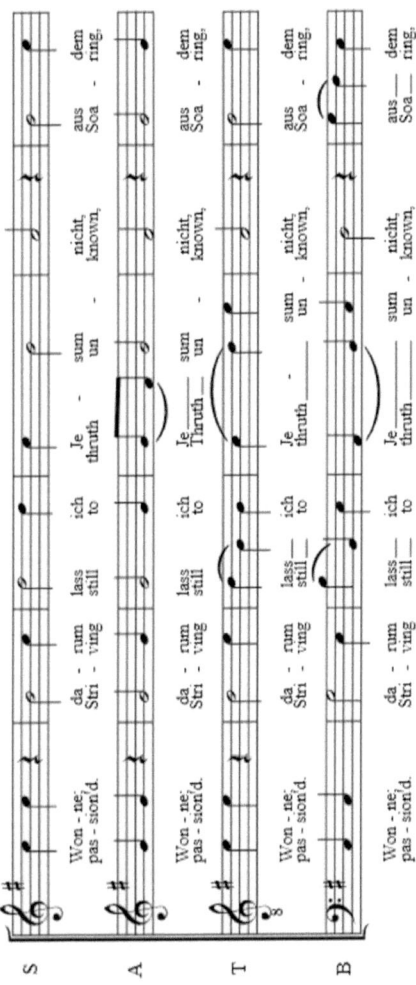

- 85 - b

Nous voici déjà arrivés à parler d'accords, après avoir sauté tant de siècles !

Si nous tentions d'écrire les quatre voix du choral de Bach ci-dessus sur une seule portée, nous obtiendrions quelque chose comme une suite d'accords :

Pour revenir à ce qui nous concerne aujourd'hui, il faut savoir que les accords les plus connus et les plus stables à l'écoute, sont les accords dits « parfaits ». Ce sont des accords composés de trois notes. Ainsi l'accord de Do est-il composé de Do, Mi et Sol. Pour le construire nous avons sauté le Ré et le Fa, nous n'avons retenu que la 1ere note, la 3ème et la 5ème.

De la même manière l'accord de Sol sera composé de Sol (1ere note), Si (3eme note) et Ré (5eme note). Ceci quelque soit le sol haut ou bas, quelque soit le si choisi, et de même pour le ré. L'important est que les trois notes y soient, à quelques dièses ou bémol près comme nous le verrons plus tard.

Dans notre musique européenne dite « tonale », classique et la plupart des musiques populaires, ces accords « parfaits » sont incontournables. Ces accords de trois notes, peuvent également en comporter 6, 7 ou une infinité si on choisit de jouer en même temps avec nos dix doigts, plusieurs sol, plusieurs si et plusieurs ré. Cela ne change rien au fait qu'il s'agit d'un accord de trois notes ! De même si vous remplacez un sol grave par un sol aigu, il vous faut savoir que cela ne sabotera pas votre accompagnement.

L'arrivée du jazz a enrichit notre harmonie en ajoutant des accords de 4 notes. En ajoutant une quatrième note, les accords deviennent des accords de 7ème. Ainsi l'accord de sol qui comprend sol(1er, Si (3eme), et Ré(5ème) se voit agrémenté du Fa qui est la 7ème dans ce cas. Nous avons toujours sauté une note entre chaque. Nous avons sauté les La, Do, et Mi.

Dans le même esprit, le Jazz nous apporte les accords de 9ème. Je vous laisse en faire le compte.

Voici quelques exemples d'accords :

Accord de sol (sol-si-ré)

Accord de sol dans le désordre (si ré sol ré sol si)

Accord sol 7ème (sol si ré fa)

Accord de sol 9ème (sol si ré fa la)

Accord de sol 9ème dans le désordre (il n'y a même pas toutes les notes de l'accord) (sol fa la)

Dans cet imbroglio de notes au sein d'un même accord, on peut comme vous avez vu rajouter ou éliminer autant de notes, pourvues que les notes restent dans les clous de l'harmonie. C'est pourquoi pour simplifier, certaines partitions pédagogiques se permettent de vous dire simplement où mettre les doigts sur les cordes ou les touches avec tout un tas de petits dessins explicatifs. Il n'en est pas moins vrai que vous pouvez changer les notes de vos accords sans dénaturer vos morceaux, à l'exception des morceaux de musique classique dont les partitions sont exhaustives.

Il y a aussi la solution d'apprendre par cœur certaines dispositions sur l'instrument pour jouer les accords, de façon à les jouer automatiquement rien qu'en connaissant leur noms.

Exemple de noms d'accords indiqués sur des paroles de chanson :

```
F                            C
  Welcome to the Hotel California
          E7
Such a lovely place (Such a lovely place)
           Am
Such a lovely place
```

Sur ce célèbre petit refrain, l'accompagnement commence par l'accord F (Fa), puis l'accord C (Do). On enchaine par un accord E (Mi) mais avec un accord de quatre notes car il faut ajouter la 7ème (E7). Et enfin l'accord A (La) mais mineur, noté « Am ». Pour les accords mineurs, ayez encore un peu de patience, nous en reparlons bientôt. Evidemment, il reste que si vous ne connaissez pas l'air, cette extrait écrit ainsi ne vous servira pas à grandchose malheureusement.

LES PHRASES ET PONCTUATION

Lire les notes, comprendre les accords, c'est bien joli, mais comme le savent très bien les musiciens qui jouent à l'oreille, cela n'est pas indispensable. C'est aussi vrai, cependant, que ne pas savoir lire limite sérieusement l'accès à une grande partie du répertoire, celle qu'on n'a jamais eu l'occasion d'entendre. Par ailleurs, ne pas savoir écrire oblige à se reposer sur sa mémoire, dont la capacité n'est pas infinie. Mais le problème n'est pas là. En retournant le problème et en lisant la phrase autrement, il faut plutôt comprendre que lire et écrire la musique est loin d'être suffisant. Il faut aussi apprendre à « parler ». Rappelons-nous que la musique est une langue. Elle a donc des mots, des phrases, des paragraphes... de la ponctuation et de l'intonation, du style.

Imaginez un comédien de théâtre qui débiterait tous les mots de sa tirade de façon monotone et sans répis, vous fuiriez aussitôt ! Pour la musique c'est la même chose, on joue une phrase musicale, et puis on prend une respiration avant de se lancer dans une deuxième. Pour finir un discours, il faut signifier la fin, un point. Si une phrase est trop longue, il faut la scinder à l'aide d'une virgule, sous peine que le public en vous écoutant manque de respirer !

Une phrase ou une demi-phrase que l'on doit jouer sans interruption est en générale indiquée à l'aide d'un grand trait de liaison. A la fin, on peut indiquer une respiration avec un « V ». Ensuite pour indiquer un accord important on peut l'accentuer avec un trait « - » appuyé sur les notes, il s'agit de notes « détachées ». Pour les marquer encore plus fortement on indique un « V » au dessus de la note. Mais on peut choisir également de rendre ces notes plus légères avec un petit point « . » au dessus d'elles. On parlera d'elles comme des notes « piquées ». Et enfin si il faut répéter la phrase une deuxième fois, on indique au bout de celle-ci un petit « :|| » . Voici quelques uns de ces signes qui nous sont utiles à la lecture des partitions. Il y en a quantité d'autres, et chacun peut se montrer très créatif à cet égard.

Henry Purcell est un musicien baroque anglais, né au XVIIème siècle. Son opéra baroque intitulé le Roi Arthur, met en scène le Génie du froid qui s'éveille et parle en ces termes en ancien anglais : « Qui es-tu, toi d'ici-bas, pour oser m'éveiller des neiges éternelles ? »

« What power art thou, you from below, hast made me rise unwillingly and slow, from bed of everlasting snow ? »

Et c'est bien pour représenter les tremblements de sa voix que chacune de ses paroles est surmontée d'un «trémolo », signifiant ainsi l'intensité du froid. Voyez ci-dessous cet air célèbre aujourd'hui sous le nom de l'air du froid.

Petit cours de solfège pour adultes

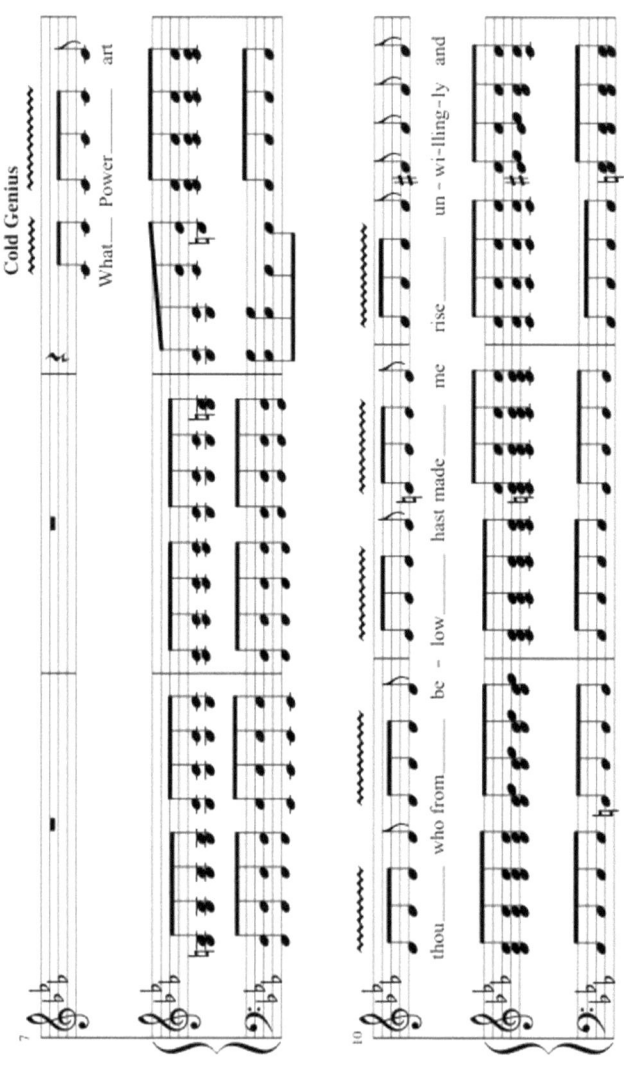

♯ - 94 - ♭

Pour ce qui est de l'intonation, la plupart des indications utilisées sont des mots italiens, car nous devons à l'Italie bien des choses en matière de musique, de la mandoline au bel canto, des célèbres luthiers aux divas internationales.

Ainsi pour chanter fort, il sera indiqué f (forte), voire ff, ou fff, fortissimo. Si il faut chanter doucement on lira un p (piano, qui veut dire doux en italien), pp, ppp, pianissimo. Si le chant commence doucement et augmente par la suite, on lira un « crescendo » …, et inversement un « decrescendo ».

Vous connaissez certainement la 5ème symphonie de Beethoven, qu'on surnomme abusivement « On frappe à la porte », ou encore plus simplement « Pom, pom, pom, pom.... » ce qui je n'en doute pas devrait vous mettre la puce à l'oreille. Son début commence fortissimo comm indiqué ci-dessous, et au-dessus du 4ème « pom », un peu plus long puisqu'il s'agit d'une blanche, nous pouvons voir ce qu'on appelle un « point d'orgue ». Il indique qu'il faut rester longuement sur cette note afin de la faire résonner encore davantage !

Voyez que la partition commence à être chargée ! Notamment si on aime en rajouter avec des « cantabile » (en chantant), « presto » (très rapide), « allegro ma non troppo » (joyeux mais pas trop), et autres « … comme des pas dans les neiges » qu'on peut lire dans les partitions de Claude Debussy. Et si on veut être plus éloquent encore, on peut prendre exemple sur les « morceaux en forme de poire »

d'Erik Satie.

Debussy des pas dans la neige

Satie morceaux en forme de poire

Les auteurs en font-ils trop ? Je n'en suis pas sûre, car des notes toutes seules sur une portée musicale, dans le fond, ne nous apportent pas l'essentiel : ce qu'on veut dire et le ton qu'on y met.

Faut-il tout écrire sur le papier pour autant ? Faux débat, car nous ne pourrons jamais. C'est le parti pris du jazz et des musiques traditionnelles, comme toutes les musiques qui font la part grande à l'improvisation. Elles nous disent : voici un thème de quelques lignes, quelques notes ou une série d'accords, dites avec elles ce que vous voudrez. Entonnez comme cela vous chante, et selon l'humeur du jour, personnalisez autant que vous le souhaitez. Nous succombons, bien sûr !

Voici pour illustrer la cause, un petit extrait de la ballade de Chopin n°1. C'est une très belle pièce pour piano, qui vous permettra de distinguer les éléments de ponctuation et d'intonation. On y commence une grande phrase qui fait déjà trois mesures et qui doit se tenir d'elle-même. Le tout est joué lentement (« Largo ») mais fort (« f »), puis vers la fin elle va « decrescendo » (long <) jusqu'à devenir douce (« p »). Ensuite une deuxième phrase jouée doucement continue le morceau. A la mesure 6 il y a un accord très marqué (avec un petit « < » sur l'accord). Après cette mise en bouche, le morceau commence réellement, à l'allure modérée (« Moderato ») avec des petits bouts de phrases bien moins longs, sur des basses légères (piquées) bien que le compositeur souhaite qu'on y ajoute une pédale de résonnance (« Ped. »).

Petit cours de solfège pour adultes

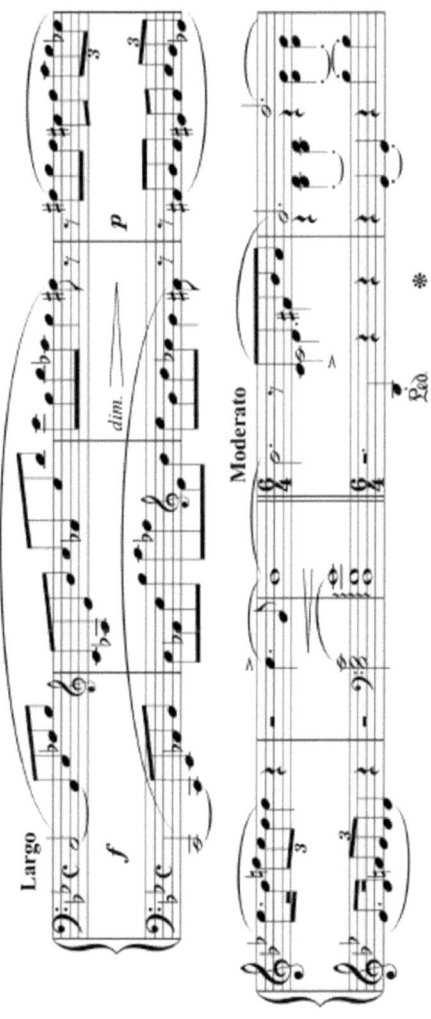

Petit cours de solfège pour adultes

♯ - 100 - ♭

LES GRILLES D'ACCORDS ET LES TABLATURES

Savez-vous tout ou presque sur les accords maintenant ? Oui et non. Non pour défendre la richesse infinie des accords complexes et de leurs combinaisons, oui pour pouvoir jouer vos premiers morceaux sans craindre.

Rappelons-nous, la plupart du temps nous avons des accords de trois notes (notes 1 3 5), parfois on y ajoute une quatrième note, (notes 1 3 5 7), pour rendre notre accompagnement un peu plus riche et séduisant à l'oreille.

Il y a aussi les accords mineurs. Pour les avoir dans les doigts, il suffit souvent de baisser la tierce de l'accord (note 3) juste d'un demi-ton, d'une touche, d'un chouya. On obtient un effet un peu plus doux, confidentiel, triste ou nostalgique selon les cas. Pourquoi ? Parce que dans notre culture, les accords mineurs servent habituellement les mots délicats, et par conséquent les mots délicats se traduisent par des accords mineurs. Les accords mineurs sont suivis d'un petit « m ». Il existe également des accords « diminués » plus fragiles encore et par ce fait aussi séduisant. Ils sont en général repérables parce qu'ils sont écrits « barrés ».

Voici quelques modes d'écriture de ces accords, qui sont rappelons-le uniquement des façons différentes d'écrire les mêmes choses : des notes qui vont bien ensemble, et qui au surplus ne doivent pas obligatoirement être disposées d'une façon stricte.

La partition

Les accords écrits sur une partition indiquent quels accords nous devons jouer. Ici l'accord de Do, puis l'accord de Fa, puis l'accord de Sol. Pour autant, nous pouvons tout à fait changer les emplacements de ces notes, sans dénaturer la musique. Par exemple jouer dans l'ordre do-sol-do-mi, au lieu de do-mi-sol comme cela est écrit. L'accord est une indication de l'harmonie utilisée. Sauf en matière de musique classique dans laquelle les partitions sont écrites de façon exhaustive.

La grille de jazz

L'intérêt de la grille de jazz est d'identifier l'harmonie du morceau en un coup d'oeil et en admettant d'office que l'emplacement des notes de l'accord reste libre. La grille se lit de gauche à droite et de haut en bas. Chaque case représente une mesure, et le symbole % signifie que l'on réutilise la même harmonie que celle de la case précédente.

A la fin de la grille, qui comporte ici 16 mesures, on aperçoit comme si on lisait une partition, le symbole «:||» qui indique que la phrase se répète une deuxième fois.

Am7	%	Dm7	%
E7	%	Am7	%
Dm7	%	Am7	%
E7	Bb7 5-	Am7	E7 (9+)

Petit cours de solfège pour adultes

Les tablatures de guitare 1ère manière

La guitare est un instrument fréquemment choisi par nombre d'amateurs autodidactes. C'est aussi un instrument très prisé de la variété, ainsi que des musiques électro-acoustiques. N'oublions pas que c'est l'instrument roi de l'Espagne et du Portugal, et par là donc, de l'ensemble de l'Amérique latine. On ne peut que trop recommander de découvrir ou redécouvrir les grands musiciens de ces pays comme Narciso Yepes, ou Baden Powell. Le grand succès des musiques de variétés a fait apparaître une notation tout à fait spéciale à la guitare. Cette notation s'appelle une tablature. Elle représente par des petits points sur des lignes, l'emplacement des doigts sur les cordes. Il faut voir les cordes de guitare en lieu des lignes verticales, et les frettes en lieu des lignes horizontales.

Ci-dessous, je vous laisse découvrir le début d'un très beau morceau de guitare de Tom Jobim, intitulé « Samba d'une seule note ». Il a le mérite assez exceptionnel de ne laisser qu'une seule note à la mélodie, comme son nom l'indique, le long de laquelle varient les accords. Il s'agit bel et bien d'une mélodie des accords eux-mêmes. Il faut bien s'avouer que, harmoniquement parlant, les tablatures de guitare sont assez redondantes avec l'indication des accords qui figurent au-dessus d'elles, il s'agit davantage d'une aide technique à la position des doigts. Si vous savez lire, la tablature ne vous sera pas indispensable.

Petit cours de solfège pour adultes

Les tablatures de guitare 2ème manière

Dans l'exemple ci-dessous « Hey Jude », on utilise un deuxième système de notation, qui combine la représentation des six cordes de la guitare, la notation du rythme par les queues des noires et des croches, et les numéros des doigts à utiliser sur les cordes. Au-dessus, les accords recherchés, pour être bien sûr de ce que nous devrions obtenir.

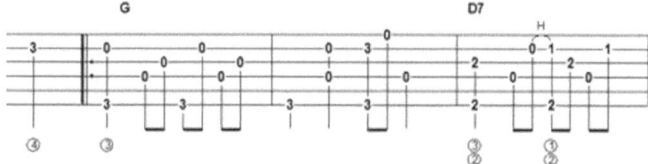

Les tablatures d'harmonica

Dans ce début du bien connu « I'm a poor lonesome cowboy », il s'agit d'indiquer le numero du trou sur l'harmonica dans lequel il faudra soit aspirer (« A ») soit souffler (« S »). L'ennui ici c'est qu'il faudra y deviner le rythme car rien ne l'indique !

A				3	4		
S	3	3	4		4	5	6..

Petit cours de solfège pour adultes

Les tablatures d'accordéon diatonique

Voici un petit « an-dro » breton bien connu, intitulé « C'est dans dix ans je m'en irai », pour vous montrer à quel degré de complexité on peut parvenir pour noter un air de musique. On peut y voir une ligne pour « pousser » le soufflet de l'accordéon, une autre ligne pour « tirer », le numéro des touches à appuyer, un petit signe supplémentaire (sur le 6') pour indiquer quelle rangée de boutons est concernée, les notes qu'on devrait obtenir au dessus, et enfin les accords en dessous. Un système bien complexe qui cependant ne permet toujours pas de s'affranchir de lire les notes sur la portée musicale, ni le rythme d'ailleurs.

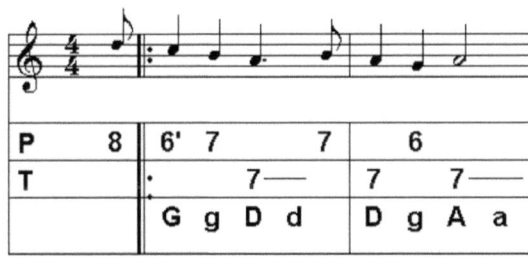

Le style sommaire

Puisque dans les quatre derniers exemples, nous pouvons nous rendre compte qu'une tablature aussi complexe soit-elle, ne nous permettra pas de lire vraiment ce qu'il en est, la plupart des recueils de paroles ont fait le choix du minimalisme. Vous connaissez déjà la musique ? On vous précise l'harmonie, avec l'aide des paroles vous pourrez la placer. Petit exemple sur des paroles de Bob Marley, évidemment, là on se repère, on connait ! Bien que déjà, sur les couplets, c'est moins évident de rester autonomes.

```
   Bm7      E
We're jamming,
  G                    F#m
  I wanna jam it with you,
   Bm7      E
We're jamming, jamming.
  G                       F#m
And I hope you like jamming too.
```

Petit cours de solfège pour adultes

Le style ceinture et bretelles !

Un style qu'on aime pour son élégance ! Personne n'est oublié, il y a les notes, les accords déployés, écrits précisément sur la portée, mais aussi en lettres, les paroles, le rythme, et même les tablatures avec la position des doigts. Un peu surchargé, un peu lourd, mais si le joueur d'harmonica sait lire la musique, il s'en sortira, vu qu'ici il n'y a rien de prévu pour lui. Qui peut le plus, peut le moins ! Ici : un extrait de la comédie musicale « New-York, New-York » chanté par Liza Minnelli.

La gamme et les transpositions

Parlons un peu maintenant des notes que nous choisissons pour composer nos airs de musique. Comme nous l'avons vu précédemment, toutes les notes ne sont pas bonnes à être jouer ensemble. Dans la culture occidentale, la plupart du temps, nous utilisons pour composer nos mélodies d'un ensemble de notes que l'on appelle la gamme tonale. Elle constitue la base de la musique classique, la chanson, la musique populaire et la musique de variétés. Des Rolling Stones au bal musette, en passant par Mozart et Hugues Aufray, les notes de musique sont les mêmes. Il faut aller très loin pour s'éloigner des musiques tonales, traverser l'Asie, parcourir l'Afrique, et rencontrer les peuples orientaux. Ou bien encore voyager dans le passé et découvrir les musiques anciennes et les cultures préservées. A l'inverse, les musiques expérimentales d'aujourd'hui se hasardent parfois vers des « atonalités ».

Quand nous jouons une mélodie en Do par exemple, nous utilisons les notes de la gamme de Do : Do, Ré, Mi, Fa, Sol, La, Si. La première note de la gamme, le Do sera la note la plus stable, la plus solide de notre mélodie, parfois la note de début, la plupart du temps la note du point final, on l'appelle la « tonique ». La cinquième note de la gamme, le Sol est aussi très importante, c'est la plus sonore, la plus brillante, on l'appelle la « dominante ». La plus fragile et la plus instable des notes, c'est la septième, le Si, si instable qu'elle nous fait instinctivement basculer ver le Do qui lui succède, et on se laisse ainsi entrainer vers la gamme suivante. Pour cela, cette septième note s'appelle la « sensible ». Il faut savoir que les écarts entre les notes ne sont pas tous pareils. Les écarts entre le Mi et le Fa, et entre le Si et le Do, sont des écarts plus petits. Les autres écarts sont assez grands pour qu'on puisse parfois avoir envie d'y mettre un son intermédiaire. Evidemment se limiter à ces sept notes pour composer un air, installe à la longue une monotonie certaine. Evidemment nous avons toute la liberté d'utiliser toutes les notes que nous voulons, selon les inspirations. Nous pouvons y ajouter par exemple des « notes de passage », des « notes étrangères », des « petites notes » décoratives autant que nous le souhaitons, cependant la structure musicale, les murs de la maison restent construits sur les sept notes de la gamme de Do. Elles demeurent les murs porteurs de l'édifice.

Exemple de « petites notes » utilisées entre les notes de la gamme.

Par chance, ci-dessous, dans le début de la Rhapsodie hongroise de Liszt, les « petites notes » sont bien écrites en plus petit, on les distingue nettement.

A la fin du même morceau, voici un petit glissando de fin de prestation, pour briller en public, également écrit en « petites notes » ! Vous pourrez noter ici, qu'étonnamment le point d'orgue, qui doit laisser résonner longtemps ce qui est écrit dessous, est situé juste au-dessus d'un … silence ! Le moment de contemplation dû à l'artiste !

Petit cours de solfège pour adultes

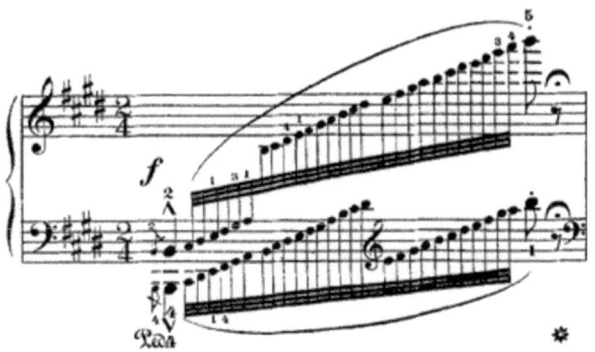

Ce qui caractérise les gammes tonales de notre culture musicale, c'est l'emplacement des écarts entre les notes, et non l'emplacement des notes. Mettons que nous regardions une façade agrémentée de plusieurs belles fenêtres, il faut se rendre à l'évidence, ce ne sont pas les montants des fenêtres qui nous intéressent mais bien les vides entre les montants. Et bien dans notre cas c'est identique. L'important c'est surtout les écarts, et notamment l'écart réduit qui existe entre les notes 3 et 4 (Mi Fa), et celui entre les notes 7 et 8 (Si Do). Si bien que si je veux chanter mon air un peu plus aigu, mettons à partir de la note suivante, qui est le Ré, je dois décaler ces deux écarts un peu vers l'aigu. Le premier écart (Mi Fa) se retrouvera entre Fa et Sol, au détail près qu'il faudra monter un peu le Fa pour respecter les proportions. On l'appelera Fa dièse. Le second écart (Si Do) se retrouvera entre Do et Ré, en montant un peu le Do de la même manière, qui deviendra donc Do dièse.

La gamme de Ré est donc composée des notes :

Ré Mi Fa# Sol La Si Do# Ré

Ainsi les écarts sont respectés, et notre musique reste tonale.

Pour ne pas s'encombrer avec ces # à chaque instant sur la partition, nous les indiquons au début de la ligne sur les lignes du Fa et du Do. Par conséquent, si nous voyons ces deux dièses au début d'une ligne, nous savons que nous jouons en Ré et que le Ré à des grandes chances d'être notre point musical. Nous pourrons savoir également que presque tous les Fa et le Do du morceau seront dièse. A l'inverse si tous les Fa et les Do du morceau sont dièse, il a de grandes chances d'être écrit en Ré.

La tonalité de Do est la plus utilisée et ne contient aucun dièse ni bémol. En Sol, tous les fa sont dièse. En Ré, les Fa et Do sont dièse. La tonalité de La comprend trois dièses : le Fa, le Do et le Sol. Ce sont les gammes les plus pratiques à jouer car elles ont peu d'altérations à prendre en compte.

La gamme de Fa est également très utilisée car sa tonique et sa dominante sont bien placées pour être chantées, elle correspond bien à la tessiture des voix naturelles. Pour bien placer les écarts réduits sur la gamme de Fa, il faut descendre un peu le si qui devient un si bémol.

Et enfin, pour chacune de ces gammes majeures, il existe les mêmes en mineur. Pour obtenir ces gammes mineures, on leur confère un peu de souplesse et de douceur en descendant un peu les notes 3 et 6, soit en enlevant le dièse qui leur est affecté, soit en leur ajoutant un bémol.

Quelques gammes des plus utilisées :

do Majeur et do mineur

sol Majeur et sol mineur

ré Majeur et ré mineur

la Majeur et la mineur

fa Majeur et fa mineur

On peut remarquer qu'entre les gammes de Fa majeur et Ré mineur, il existe un vrai similitude. En fait dans ces deux gammes, le si bémol est permanent, on peut aussi bien l'écrire « à la clé » pour ne plus avoir à le remettre partout. On dit aussi que Ré mineur est la gamme cousine de Fa majeur, « cousine », ou « relative ». De la même façon la gamme de La mineur, est la cousine ou la relative de Do majeur. La seule chose qui change entre les gammes cousines, sont le replacement de la sensible (notée « s. » ci-dessous) dans la gamme mineure.

Exemples des gammes relatives

do Majeur et la mineur

fa Majeur et ré mineur

ou encore (en mettant le si bémol à la clé)

1ère lecture avec accompagnement

Cette arrangement des Jeux interdits est écrit en mi mineur. Mi mineur admet un fa dièse à la clé. La note la plus stable est Mi. Ce Mi nous servira comme point final de l'extrait, et aussi comme accord principal à la basse. C'est la note la plus stable de notre tonalité, qui d'ailleurs porte son nom. Comme la tonalité de Mi est écrite ici en mode mineur, cela donne un petit air nostalgique à notre mélodie. Je vous l'accorde, nous tournons en rond autour de ce Mi, mais c'est bien cela qui fait le caractère et l'unité de la pièce.

Pour resituer ce joli morceau de musique, il s'agit de la musique d'un film de René Clément, avec Brigitte Fossey enfant, qui raconte en noir et blanc l'histoire de deux enfants pendant la guerre de 1940, la musique est de Narciso Yepes, grand guitariste espagnol. Notez qu'il s'agit de votre première lecture sans parole. Comme disait une jeune lycéenne récemment rencontrée : « Mais il n'y a pas de paroles dans ta musique ? » Et non ! Pas toujours !

Petit cours de solfège pour adultes

Jeux interdits (arrangement)

d'après Narciso Yepes

2ème lecture en changeant de tonalité

Je vous ressers la même ici mais nous tournons maintenant autour de la note Ré. Accords de Ré, point final en ré. Nous chantons cette fois en Ré mineur. Pour l'occasion, et peut-être parce que le chanteur y est plus à l'aise, nous avons descendu toute la mélodie d'une note, du Mi au Ré, nous avons donc fait une transposition. Le Ré mineur admet un si bémol à la clé. Remarquez que la mélodie est la même, et qu'elle n'est donc pas attachée, à priori, à une tonalité particulière.

Petit cours de solfège pour adultes

Jeux interdits (arrangement)

d'après Narciso Yepes

ECRITURE AVEC ACCOMPAGNEMENT

Voici une page d'écriture, pour laquelle je vous propose de transposer la mélodie encore quatre crans en dessous. Vous devrez l'écrire donc en La mineur. La mineur n'a rien à la clé. La note la plus stable est La, qui servira donc de point, ainsi que d'accord stable (au début et à la fin). Pour le reste l'ensemble des notes est à descendre de quatre crans, pour la mélodie comme pour les accords. A vous !

Petit cours de solfège pour adultes

Jeux interdits (arrangement)

d'après Narciso Yepes

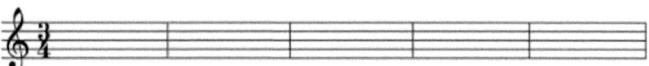

4ème lecture en transpositions de mode

De ce petit air enfantin, Mozart a su faire une grande œuvre, en utilisant l'air comme un thème et en composant de multiples variations. Un peu sur le principe des improvisations de jazz. D'ailleurs improvisait-il ? C'est plus que probable. Il a appliqué au thème plusieurs variantes de mélodies, et plusieurs styles d'accompagnements, tout en gardant l'harmonie. C'est à se demander si la chanson n'en deviendrait pas une mélodie d'accords. Je vous laisse découvrir par vous-même ce qu'il a su en faire.

Par ailleurs, comme tout air enfantin, je vous offre des paroles antérieures à celles qu'on lui attribue aujourd'hui, et bien plus poétiques, même pour les enfants, qui ne sont pas si niais qu'on les croit.

Ah ! vous dirai-je, maman,
Ce qui cause mon tourment ?
Depuis que j'ai vu Clitandre,
Me regarder d'un air tendre ;
Mon cœur dit à chaque instant :
« Peut-on vivre sans amant ? »

En terme de variations des paroles aussi, ce petit air bat tous les records. Il vous servira de la même façon, des twinkle twinkle little star, ou baa baa black sheep, ou encore quand trois poules vont au champ.

Voici l'air en majeur (do majeur), puis l'air en mineur (do mineur) qui prend de ce fait un petit fond de mélancolie. Pour cela, nous avons légèrement baissé les 3ème et 6ème note de la gamme de do, c'est à dire les mi et les la, qui deviennent ainsi des mi bémol et des la bémol. Je vous laisse vous entrainer à le réécrire dans le mode que vous aurez préféré.

Petit cours de solfège pour adultes

Air en majeur

Ah vous dirais-je maman

Petit cours de solfège pour adultes

Air en mineur

Ah vous dirais-je maman

Petit cours de solfège pour adultes

Page d'écriture

Ah vous dirais-je maman

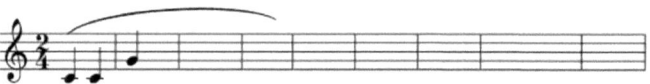

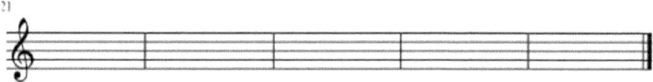

LES ARPÈGES

Pour terminer ce premier niveau de culture solfégique, je voudrais vous faire découvrir comment les connaissances que vous venez d'acquérir peuvent vous permettre de jouer avec les mots et les styles. Ainsi fait-on lorsque nous adoptons des accents régionaux, des accents étrangers, des accents de bonnes sociétés. Faire des arpèges, c'est jouer avec les harmonies et les accompagnements, décomposer et recomposer les accords.

Nous allons faire, à la mode des exercices de style de Raymond Queneau, des variations stylistiques, à un petit air bien connu de tous, pour avoir été star dans « La grande vadrouille », le film de Gérard Oury, avec Bourvil et Louis de Funès, dans l'inoubliable scène des bains-turcs.

Voici donc le thème, avec son harmonie (ses accords de base) :

Tea for Two

Nous allons réarranger la mélodie pour obtenir quelque chose à trois temps. Dessous la mélodie, les accords « parfaits » sont égrenés une note après l'autre, et nous voici en présence d'une petite valse de salon :

Maintenant, tout en gardant les mesures à trois temps, voici les notes égrenées deux fois plus rapidement. On y lit des croches, de quoi égrener deux fois chaque accord dans une même mesure. Et nous voici au bal musette des bords de Seine, avec l'accordéoniste :

Revenons à la valse classique, celle de Vienne et de Sissi l'impératrice, au comble du romantisme, en recomposant les accords avec une « pompe », c'est à dire en jouant une note basse suivie de deux petits accords.

C'est d'ailleurs cette technique qui sera aussi utilisée dans le style ragtime du début du jazz. Notez que le jazz est né à l'époque du romantisme, au XIXème siècle. D'ailleurs en voici une petite variante raggy.

après être revenus à des mesures à 4 temps, nous avons exagéré l'effet de pompe (alternance basse/accords), et agrémenté la mélodie de croches répétitives :

Revenons maintenant aux mesures à 4 temps de notre thème initial, et donnons lui un air de jazz moderne, avec des accords de 7ème.

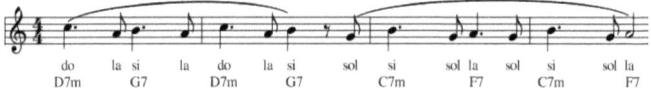

En plaquant des accords parfaits, un peu en contretemps, et en imaginant des guitares electriques, voici une petite allure rock'n roll :

Pour un style bossa nova, nous avons conservé la mélodie originale, et nous lui avons apposé le rythme si particulier de la bossa au niveau des accords.

Pour obtenir un style cubain de salsa, on prendra l'initiative d'enlever la plupart des notes posées sur les temps forts, de façon a déstabiliser le rythme. Nous voici avec des silences en lieu de temps forts. Pour insister davantage, il nous faudra appuyer les temps faibles autant que possible (en indiquant un petit « > » sur les accords concernés) :

Voici donc un petit échantillon de ce que l'on peut faire à partir d'une mélodie donnée. C'est aussi une manière de vous dire qu'à l'exception des partitions de musiques classiques, il n'y a que très peu de partitions qui doivent être déchiffrer à la note près. La majorité permet une grande liberté d'interpretation, à condition de savoir y lire l'essentiel et de ne pas se contraindre à la disposition des notes telles que transcrites, ni à la disposition des doigts sur les tablatures.

5ÈME LECTURE SANS PAROLE

Bien que Mozart n'aurait certainement pas renier les improvisations et les styles d'aujourd'hui, revenons un peu à la musique classique, qui n'est pas dépourvue de spontanéité. La 40ème symphonie de Mozart est écrite en sol mineur (avec si bémol et mi bémol à la clé). La note fa dièse est la sensible de cette gamme. Le ton mineur apporte de la douceur à ces quelques mesures, thème star de la musique classique.

40ème symphonie, Mozart

Voyez ci-dessous le même extrait écrit sur une partition pour orchestre. On peut y voir une ligne pour chaque pupitre d'instrument. En bas de la partition sont les lignes dédiées aux instruments du quatuor à cordes. Dans le cas présent, ce sont eux qui ouvrent la symphonie. Les 1ers et les 2nds violons prennent en charge la mélodie. Les 1ers violons jouent la mélodie dans l'aigu, et les 2nds violons la même mélodie mais plus grave. Les altos jouent l'accompagnement, et les violoncelles et contrebasses prennent en charge les basses. Tous les autres instruments feront leur entrée un peu plus tard. Le musicien ayant écrit des musiques à profusion, Mr Koechel, musicologue, tenta de les classer dans un ordre chronologique. Cette symphonie est une œuvre repertoriée au numero 550 des œuvres du compositeur : Koechel 550 (ou K550). Voici donc ce que doit être capable de lire un chef d'orchestre au premier coup d'oeil.

Voici un petit exercice de réécriture, en le chantant, bien sûr, pour que vous ne perdiez pas la main :

40ème symphonie, Mozart

6ÈME LECTURE SANS PAROLE

Goûtez un peu maintenant ce petit extrait d'une opérette d'Offenbach, que vous connaissez par cœur, comme une grande partie des touristes dans le monde. Il s'agit d'un passage tiré d' « Orphée aux enfers ». Dans la mythologie grecque, Eurydice, la femme d'Orphée, a été mordue au pied par un serpent, et Orphée doit descendre au royaume des enfers pour la libérer et la ramener dans le monde des vivants.

Offenbach réinterprète l'histoire pour en faire une opérette humoristique. Orphée est bien content d'être débarrassé ainsi de sa femme, car le couple se déteste cordialement. C'est au moment où il doit se résigner à aller chercher sa femme aux enfers, sous la pression de l'opinion publique, que Jupiter en profite pour l'enlever pour lui, en se fondant dans la masse, lors d'un bal où en l'occurence tout le monde danse allègrement un « galop ». Voici ce passage que je vous laisse savourer, il se compose de deux mélodies facilement reconnaissables.

Petit cours de solfège pour adultes

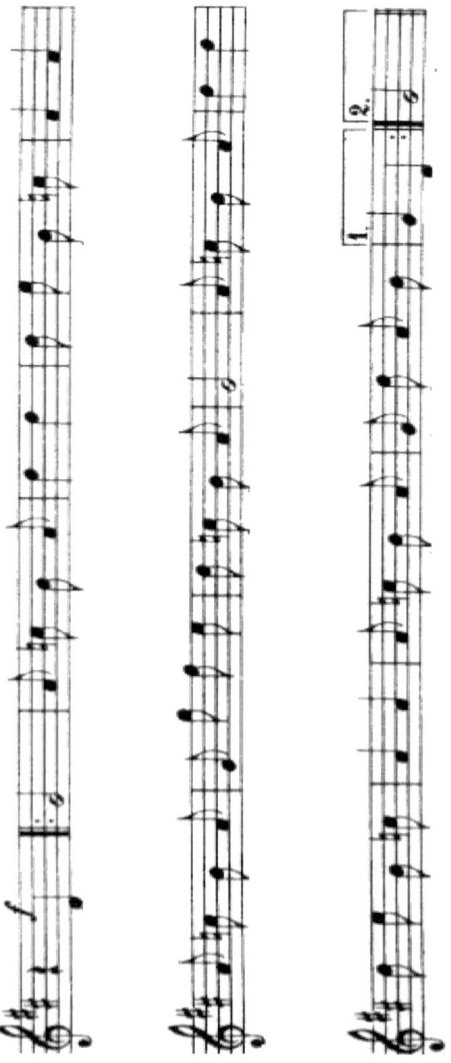

- 142 - b

Petit cours de solfège pour adultes

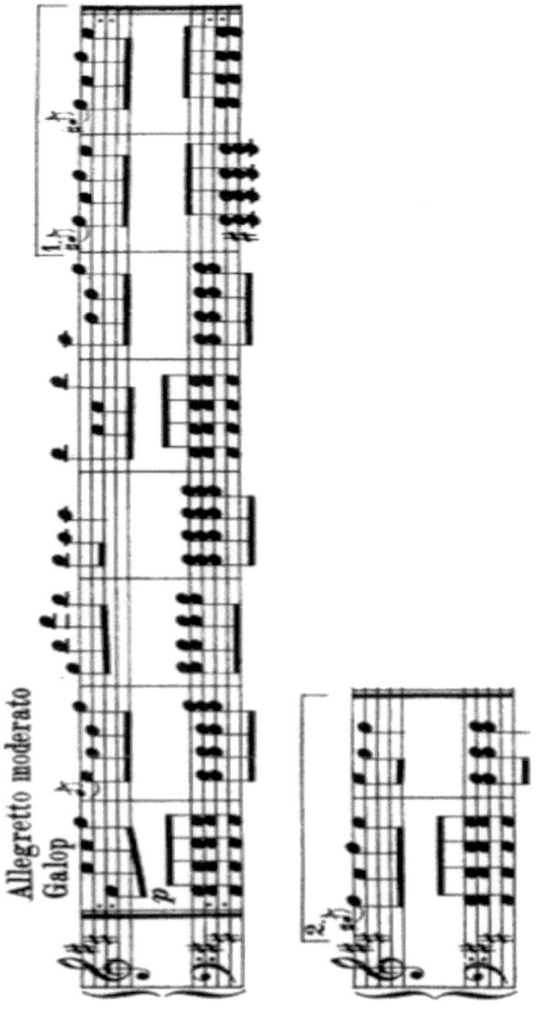

- 143 - b

C'est pour clôre en apothéose cette initiation au solfège et à la lecture de musique, que je vous laisse méditer sur ce dernier passage. J'espère vous avoir donné le goût de lire, et vous avoir donné l'envie de poursuivre plus avant votre apprentissage, peut-être, qui sais, le long d'un prochain ouvrage. Je compte aussi sur vous, lecteurs, pour défendre auprès des vôtres, le plaisir de lire les livres de musique.

Petit cours de solfège pour adultes

♯ - 145 - ♭

Petit cours de solfège pour adultes

REMERCIEMENTS

Je remercie de tout cœur Natacha qui souhaitait comprendre les mystères du solfège et savoir lire la musique, et qui est à l'origine de ma démarche, et mes enfants pour leur franche relecture.

Petit cours de ... adultes

© 2017, Delphine Chabrier
Editeur : BoD - Books on Demand
12/14 rond-point des Champs Elysés, 75008 Paris
Impression : BoD – Books on Demand, Allemagne

ISBN : 978-2-3221- 3990-3

Dépôt légal : novembre 2017

♯ - 148 - ♭